Peter Hahne

Weihnachten – mehr als ein Fest

Worte zur schönsten Jahreszeit

johannis

Bildnachweis:
Umschlagbild: C. Fischer (Hintergrund: M. Mehlig)
Innenbilder: S. 5, 29: D. Schinner; S. 7, 47: G. Hettler; S. 8/9: R. Kirsch; S. 11, 33, 41: C.M.M. Timmermans; S. 13: K. Radtke; S. 15: P. Kleff; S. 17: Kneer/IFA-Bilderteam; S. 19: M. Schneiders; S. 21: T. Krüger; S. 23: G. Burbeck; S. 25: H. Ney; S. 27: G. Burbeck; S. 31: C. Ludwig; S. 35: M. Ruckszio; S. 37: Ch. Palma; S. 39: H. Herfort; S. 43: E. Müller; S. 45: K. Forster

Die Deutsche Bibliothek – CIP-Einheitsaufnahme

Weihnachten – mehr als ein Fest : Worte zur schönsten Jahreszeit /
Peter Hahne. – Lahr : Johannis, 1997
ISBN 3-501-05931-0

Markante Texte – Treffende Gedanken 05931

Umschlaggestaltung: Friedbert Baumann
Gesamtherstellung:
St.-Johannis-Druckerei, Lahr
Printed in Germany 13177/1997

Liebe Leserin, lieber Leser!

Ich freue mich riesig auf Weihnachten.
Alle Jahre wieder.
Was wäre das Jahr ohne dieses Fest?! Ein Fest der Seele und Sinne. Kein Fest wie jedes andere.
Wo das Wichtigste von Weihnachten nicht zur Randerscheinung wird, kommt Freude in die Mitte unseres Alltags.
Ganz gleich, wo und wie Sie das Christfest feiern, ob im Familienkreis oder allein, ob im Dienst oder im Urlaub, ob in Tagen des Glücks oder der wehmütigen Erinnerungen: Lassen Sie sich von Gott beschenken – und geben Sie dieses große Geschenk der Liebe in kleiner Münze weiter.

Frohe Weihnachten

Die Freude der Christnacht ist keine Sache des Kalenders, sondern des Herzens.

Ohne Weihnachten wäre unser Herz eine finstere Sorgenkammer ohne Trost, die Weltgeschichte ein Irrgarten ohne Mittelpunkt.

Weihnachten heißt Zeitenwende. Es wird neu gerechnet. Nichts soll so bleiben wie vorher.

Jesus kommt in unsere Nacht, damit wir in sein Licht kommen können.

Gott, der da sprach: Licht soll aus der Finsternis hervorleuchten, der hat einen hellen Schein in unsere Herzen gegeben.

2. Korinther 4,6

GASTHOF

Was in der Stille auf uns einwirkt, das wirkt sich auch auf uns aus – und auf andere um uns herum.

Jesus kommt in Raum und Zeit, damit wir ihm in unseren Herzen Raum und in unserem Leben Zeit geben. Nicht nur ein kleines Weihnachtsplätzchen. Denn hätte er bei uns mehr Platz, so hätten wir weniger Probleme.

Weihnachten heißt Heimkehr.
Gott besucht sein Volk, damit Einsamkeit und Verzweiflung ein Ende haben.

Weihnachten ist Weichenstellung zur Freude.

Gelobt sei der Herr, der Gott Israels! Denn er hat besucht und erlöst sein Volk. Lukas 1, 68

Der Heiland holt Heimatlose nach Hause. Sein Weihnachtsprogramm ist das Angebot: Komm heim, denn die Tür zum Vaterhaus ist wieder offen.

Weihnachten möchte keiner allein sein.
Gott auch nicht.
Er rückt mit uns zusammen, bietet uns das Du an.

Bethlehem ist der Brunnen der Freude, Golgatha die Quelle der Hoffnung.

Euch ist heute der Heiland geboren! Gott schickt Jesus, seinen Sohn. Mit ihm kommt der Himmel auf die Erde. Wenn das kein Grund zur Freude ist!

Jesus wird einer von uns.
Er zieht ins Untergeschoß dieser Welt, um für jeden erreichbar zu sein.
Als Kind.
Er ist nicht der kleine Prinz, sondern der große Helfer.

Gott wird in Christus faßbar, damit wir ihn erfassen können. In Jesus hat seine Liebe Hand und Fuß.

*Also hat Gott die Welt geliebt, daß
er seinen eingeborenen Sohn gab,
damit alle, die an ihn glauben,
nicht verloren werden, sondern
das ewige Leben haben.*

Johannes 3, 16

Worüber soll man eigentlich mehr staunen: Daß Gott so groß oder so klein ist?!
Staunen wie ein Kind, daß Gott Kind wurde. Das Staunen an der Krippe kann ein ganzes Leben verändern.

Weihnachten ist kein Traum für Stunden, sondern gibt Kraft zum Leben. Nun braucht unsere Lebensfreude nicht mehr auf Sparflamme zu brennen.

Gegen alles Wehklagen unserer Zeit singen wir in diesen Tagen die Lieder vom Fest der Ewigkeit.
Dur statt Moll ist angesagt.
Weihnachtsmelodien können Klagelieder mit Lobgesang überstimmen.

Fröhlich soll mein Herze springen
dieser Zeit, da vor Freud
alle Engel singen.
Hört, hört, wie mit vollen Chören
alle Luft laute ruft:
Christus ist geboren!

Paul Gerhardt

Wer in das Lob an der Krippe einstimmt, bekommt einen neuen Horizont. Er beklagt nicht mehr seinen Mangel, sondern rühmt die großen Taten Gottes.

Gott hat uns Menschen nicht abgeschrieben. Denn wer ein Kind zur Welt bringt, der hat sie noch nicht aufgegeben.

Weihnachten ist ein echtes Familienfest. Schließlich bekommen wir Menschenkinder in Gott einen Vater und in Jesus Christus einen Bruder.

Das Licht von Weihnachten wandelt Heidenangst in Christusfreude.

Glanz und Farbe kommen in unser Leben. Wir werden nicht hinters Licht geführt, sondern mitten ins Licht hinein.

Gottes Weihnachtswunsch:
das Herz des Menschen.

Komm, o mein Heiland Jesu Christ,
meins Herzens Tür dir offen ist.
Ach zieh mit deiner Gnade ein;
dein Freundlichkeit auch uns erschein.
Dein Heilger Geist uns führ und leit
den Weg zur ewgen Seligkeit.
Dem Namen dein, o Herr, sei ewig
Preis und Ehr.

Wer zur Krippe geht, kehrt als Beschenkter zurück. Wer sein Herz an Jesus verliert, der hat das Leben gewonnen.

Das Staunen an der Krippe kann einen Abend dauern – oder ein ganzes Leben.

Weihnachten bringt große Freude zu uns kleinen Leuten.

Siehe, ich verkündige euch große Freude, die allem Volk widerfahren wird; denn euch ist heute der Heiland geboren, welcher ist Christus, der Herr.

Lukas 2, 10.11

Gott ist im Kleinsten am allergrößten. Er wird faßbar in einem Kind. Der Herr der Geschichte wird eine Gestalt der Geschichte, der Schöpfer ein Geschöpf.

Stimmung verfliegt. Nur das Echte zählt.
Wenn der Festtag geht, bleibt Jesus doch jeden Tag fest bei uns.
Diese gute Nachricht ist eine tägliche Neuerscheinung.

In der Reihe »Markante Texte – Treffende Gedanken« sind folgende Bändchen erschienen:

Weihnachten – mehr als ein Fest (Nr. 05 931)
Freude über den Tag hinaus. Worte zum Geburtstag (Nr. 05 932)
Mit dem Herzen schauen. Gute Wünsche (Nr. 05 933)
Nur wer Profil hat, hinterläßt Spuren. Worte für Leute von heute (Nr. 05 934)
Worauf man sich verlassen kann. Worte des Trostes (Nr. 05 935)